…Alles was ich dir nie sagen konnte

oder

vom Keller ausmisten

© 2020
Herstellung und Verlag:
BoD - Books on Demand, Norderstedt
ISBN: 978-3-7504-6996-9

Sie sagen-
lass einfach los.
Als wäre es die simpelste Sache der Welt.
Als wäre es ein Objekt welches man einfach so
wegschmeissen kann.
Ah, die Hose hat ein Loch, -weg damit!
So funktioniert das aber nicht. Ich weiss nicht
ob es überhaupt
gelingt mit jemanden, der einen Platz in einem
Herzen eingenommen hat, einfach abzuschliessen.
Bleiben diese Menschen nicht für immer in uns?

Meine Freundin sagte mir ich muss ihn gar nicht
loslassen.
Ich solle mein gebrochenes Herz in Kunst
umwandeln.
Schreib über ihn.

Zucker

Du warst noch zu jung
als ich dich das erste mal sah.
Du sagtest du wünschst dir ein Mädchen,
genau so eins wie ich es war.
Ich sagte dir aus Spass-
„in 5 Jahren gehöre ich dir."

5 Jahre dachte ich nicht mehr an dich.

Wir liefen uns zufällig über den Weg. Du sahst
so wunderschön aus.
Ich denke nicht, dass ich jemals jemanden
gesehen habe
der schöner war als du.
Ich sah was in deinen Augen.
Ich sah deine Seele. Und sie saugte mich ein
wie ein schwarzes Loch.
Seit diesem Augenblick, war ich deine Gefangene.

Es gab viele schlaflose Nächte
nicht weil etwas fehlte,
sondern weil wir uns 24/7 schrieben.
Wir planten unsere fiktive Hochzeit. In einem
Zirkuszelt. Barfuss.
Unser Baumhaus am Ende der Welt.
Irgendwo zur Ruhe kommen, nur wir zwei.

Mit dir zu liegen,

Du warst der bequemste von allen.
Von allen die waren
und von allen die noch kamen.
Mit deinem Daumen
berührtest du die Stelle zwischen meinen
Augenbrauen.
Auf und ab.
Diese Geste beruhigte mich. Ich fühlte mich
geborgen.

Wenn du bei mir warst, wurde alles um mich um
still.
Wir konnten mitten auf der Strasse stehen,
ich hörte nichts mehr - nur noch deine Stimme,
ich sah nichts mehr - nur noch deine Augen.

Du warst erfreut als ich dich zum Lego spielen
einlud.
Ich hatte kein Lego, ich wollte dich nur zu mir
locken.
Als du zusagtest, rannte ich in die Stadt um mir
welches zu besorgen.

Ich kann nie wieder Lego spielen.
Jeder Legostein riecht nach dir.

Ich erinnere mich an jenen Morgen
Als du oben ohne auf meinem Balkon standest
wie ein Gott
schriest du ein lautes HALLO
an alle
die es nicht interessierte.

Es ist unwichtig, dass wir keinen Kontakt haben.
Ich mache mir trotzdem Sorgen um dich.

Man *verliebt* sich nicht in die Schönheit.
Man *verliebt* sich in dein Lächeln,
lockige blonde Haare,
den Tonfall deiner Stimme,
deine Aggressionsprobleme,
Narben auf deinem Körper.
Aber nicht in die Schönheit.
Die Schönheit *will* man einfach.

Ich wollte dich nie.

Alle Menschen die so charmant sind
sind verdorben.
Und das ist ihr Geheimnis der Anziehung.

In deinen Augen konnte ich mich vergessen.
Konnte ich alles vergessen.
Jeden vergessen.

Ich wollte nicht,
dass jemand mein Herz erreicht.
Ich dachte nicht,
dass du es schaffen würdest.
Es brauchte aber nicht viel
um meine Mauer nieder zu schmettern.
Nur dein Anblick reichte
Und sie fiel zusammen.

Du warst meine Schwäche.
Du warst etwas,
dass ich nicht ablehnen konnte.
Ich konnte mit einem versteinertem Gesicht
der Angst in die Augen schauen ohne zu blinzeln.
Ohne nur einen Muskel zu zucken.
Und du brauchtest gerade 10 Sekunden
um mich zum lachen zu bringen.
Du warst der einzige
bei dem ich meinen Ballast abwerfen konnte
ohne darüber zu reden.
Immer stolz und stark
und
bei dir, spürte ich das erste mal eine
Verwundbarkeit.
Dieses Gefühl als würde ich 200km/h rasen
und gleichzeitig diese unglaubliche Freude
als wäre ich ein kleines Kind
welches sich riesig darüber freut
gleich in einen Baum zu krachen.
Du warst meine Schwäche.
Ich konnte dich nicht ablehnen.
Du warst der Mann
den ich nur für mich haben wollte und
dich von der ganzen Welt verstecken wollte.
Und du warst der Mann
zu welchen ich rennen wollte
um mich selber von der ganzen Welt zu
verstecken.

Ich hatte immer Angst in den Spiegel zu sehen.
Ich hatte Angst mich selber zu erkennen.
Mein wahres Ich.
Auch, wenn ich es verdammt nötig hätte.
Und doch, manchmal konnte ich es nicht umgehen.
Deine Augen waren deine Seele, -waren meine
Seele.

Du sagtest
wenn du bei mir bist
fühlt es sich so an
als wärst du in den Ferien.
Als würdest du aus dem Alltag entkommen
und entspannen.

Damals kam es mir nicht in den Sinn,
dass Ferien etwas vorübergehendes war.

Im Meer könnte man seine Probleme ertränken.
Ich war gern dein Meer.

Neben dir vergass ich meine Schwachpunkte,
meine Trauer,
meinen Schmerz.
Du gabst mir Wärme
als es draussen kalt war.

Jedes mal
wenn du einschliefst
war ich noch stundenlang wach.
Mein herz schlug so schnell,
ich zitterte,
mir wurde übel.
Weil das Gefühl in deinen Armen zu sein
das schönste war
was ich bis hierhin empfunden habe.

Ich lief dann meistens Kreise
in meiner kleiner Wohnung
weil ich Angst hatte,
dass mein Herz stehen bleibt
wenn ich mich wieder zu dir lege.

Es vergingen Monate-
wir schrieben uns ununterbrochen.
Ich war stundenlang an meinem Handy
Tag und Nacht.
Man sagt
es braucht etwa 26 Tage um sich etwas
zur Gewohnheit zu machen.
Ich denke du warst meine Sucht,
denn für das
braucht es nur einen Moment.

Deine Augen
waren eine Tasse Tee.
Und ich war der Zucker
welcher sich drin auflöste.

-Denkst du an ihn?
-Ein bisschen
-Oft?
-Ein bisschen am Morgen,
ein bisschen am Tag,
ein bisschen am Abend,
ein bisschen in der Nacht.

Nicht die Liebe verbindet mich mit dir,
„Liebe"- das wäre viel zu wenig.
Liebe kommt, bleibt, geht vorbei, kommt wieder
und endet wieder.
Es ist diese Notwendigkeit
welche mich zu dir zieht.

Ich mochte zuerst deine Seele
Und erst später deinen Körper.

Du warst so schön,
Ich konnte meine Augen nicht von dir lassen.
Wir können nicht wählen
ob uns Schmerzen hinzugefügt werden oder nicht.
Aber wir haben die Möglichkeit zu wählen
wer uns weh tun wird.
Du warst meine erste Wahl.

Das Licht zu lieben ist zu einfach.
Ich liebte deine Dunkelheit.

Am meisten tat es weh wenn jemand fragte
- „wie konntest du nur so einen Menschen in dein
Herz schliessen?"
Ich konnte es nicht erklären, dass du eigentlich
nicht so bist.
Du warst ein ganz anderer.
Und jetzt
weiss ich gar nicht mehr wer du bist.
Ich würde dich nicht wieder erkennen.

Salz

Heute sind wir zusammen aufqewacht:
Ich und mein Wunsch zu sterben.

Es ist mehr als ein Gefühl.
Es ist mehr als Schmerz.

Wir warteten 5 Jahre auf einander ohne es zu
wissen.
Und als wir uns endlich trafen
war es viel zu schön um zusammen zu bleiben.

Unser Musikgeschmack war nicht der gleiche.
Ich hasste deine Lieder als wir nebeneinander
lagen.
Ich liebte deine Lieder als du nie mehr bei mir
warst.

Es schien als wärst du *mein Mensch*.
Erst später habe ich verstanden,
dass ich selber alles dazu gemalt habe.
und du bist nur vorbeigelaufen

Ein Song welcher 3 Minuten dauert
kann die Erinnerungen wachrufen
welche ich monatelang vergrub.

Es gibt Songs,
die riechen nach Verlust.
Ich spiele sie ab
und verbrenne in meinem Inneren.

Ich will nicht rauchen
Mache es aber trotzdem.
Damit meine Hände
etwas zu tun haben.
Damit ich auf andere Gedanken komme.
Damit ich nicht verrückt werde.

Mein Herz sinkt
und niemand wird es retten können.
Ich zünde wieder eine Zigarette an
damit meine Hände
etwas berühren,
weil sie dich nicht berühren können.

Ich erinnere mich an unseren letzten Morgen
bei dir zuhause.
Als wir uns über Bücherschreiben unterhielten
und Zeitreisen.
Als du sagtest wir sollten uns nicht mehr sehen
du lachtest währenddessen
und ich dachte es sei nur ein Witz.

Hätte ich gewusst,
dass es das letzte mal war,
dass ich dich berührt habe,
das letzte mal
dass ich dich geküsst habe,
das letzte mal
dass ich gelächelt habe
weil du gelächelt hast-

-ich wäre nicht so schnell gegangen.
Ich bin gegangen als wären da noch unzählige
Tage
mit dir.
Ich bin gegangen
als hätten wir noch unzählige Morgen
und Nächte
nebeneinander.
Ich bin gegangen als wärst du *Mein.*
Ich bin gegangen mit soviel Zeit.

Und nur du wusstest,
dass ich keine mehr habe
und liesst mich so einfach gehen.

Jeder fühlte schon so:
Du stehst.
Schweigst.
Lächelst.
Und der innere Schmerz bricht dir die Rippen.

Der Anfang und das Ende.
Sehr ähnliche Umstände.
Ich kenne dich nicht - ich kenne dich nicht
mehr.
Ich rede nicht mit dir - ich rede nie mehr mit
dir.
Du bist mir fremd - du bist mir fremd.
Ich habe dich noch nie gesehen - ich werde dich
nie wieder sehen.

Nur ist es leichter am Anfang
jemanden kennen zu lernen
als am Schluss
jemanden gehen zu lassen.

Das ist der gravierende Unterschied.

Als ich kurz vor dem Vergessen war
kam eine Nachricht von dir.
Willst du mich eigentlich verarschen?

Ich wollte nicht nochmal auf dich reinfallen.
Doch die Gefühle können das -wollen- nicht
kontrollieren.
Gefühle -wollen- nicht, Gefühle -machen-
einfach.
Und ich fiel wieder in das gleiche Loch
Aus welchem ich mich monatelang ausgrub.
Du bist zwei mal gegangen.
zweimal auf die selbe Art.
Ich liess mich ausnutzen
zwei mal auf die selbe Art.
Es blieb nichts mehr von mir übrig
zwei mal auf die selbe Art.

Ich sah die ganze Welt in deinen beschissenen
Augen.

Ich versuche Orte zu meiden
an welchen ich dich antreffen könnte.
Aus Angst
mein Herz könnte erneut explodieren.
Und all die Nähte die ich brauchte
um es zusammen zu flicken
würden reissen.
Und ich müsste wieder von vorne anfangen
mich zu sammeln.

Der Unterschied
zwischen anderen und mir selber ist vielleicht
der,
dass ich es nicht schaffe das Feuer nur
anzuschauen.
Ich halte jedes mal meine Hand hinein.
Aus reinem Interesse,
ob jedes Feuer immer gleich heiss ist.

Wenn du etwas in die Welt gibst
kommt es wie ein Bumerang zu dir zurück.
Ich warte auf den Zeitpunkt
wenn du ein Mädchen triffst
und sie sich in dein Herz schleicht
genau so
wie du es bei mir getan hast.
Und dann
entfernt sie sich von dir.
Ganz leise
ohne das du es merkst.
Und dann bleibt dir der gleiche Schmerz
wie du ihn mir hinterlassen hast.

Und gleichzeitig
wünsche ich dir nur das beste.
Und dass,
das schlimmste was ich dir wünsche
niemals in Erfüllung geht.

Am liebsten würde ich dich zerreissen
in kleine Stückchen
genau so
wie du mein Herz zerrissen hast.
Und doch
wenn ich dich sehen würde
könnte ich mich sicherlich
keinen Millimeter rühren.

Du wolltest meinen Keller ausmisten.
Du hast gesagt du würdest den Kontakt abbrechen
wenn ich dies ohne dich täte.
Mein Keller wurde zu einer Metapher.
Ein paar Monate später, verbrannte ich alles
aus meinem Keller.
Ich verbrannte dich.
Ich verbrannte mich an dir.

Alle sagten mir, es geht vorbei
Du vergisst ihn.
Aber nein
nichts ist vergangen
es ist nur noch schmerzvoller geworden.
Wahrscheinlich reicht das ganze Leben nicht
damit es leichter wird.

Du bist gegangen ohne es mir zu sagen.

Eine Woche später riefst du an um mir zu
gestehen
wie gern du mich hast
und dann hörte ich wieder nichts von dir.

Du warst kaputt. Mehr als sonst jemand den ich
kannte.
Ich weiss bis heute nicht ob du mich wirklich so
gern
hattest wie du es sagtest,
oder ob du einfach keine Eier hattest mir zu
sagen,
dass du mich nicht mehr wolltest.

Du bist gegangen ohne es mir zu sagen.

Ich musste mit mir selber Schluss machen.
Du sagtest JA und gleichzeitig ranntest du von
mir weg.
Ich konnte meine Finger nicht von dir lassen.
Ich rannte dir hinterher
bis mir irgendwann die Kraft ausging.

Ich löschte deine Nummer.Meinen Facebook-
Account. Alles, damit ich nie mehr einen Schritt
in deine Richtung machen konnte.

Ich bereue diese Tat. Nichts mehr ist übrig von
dir
nur noch die Erinnerungen in meinem Kopf
und die Gefühle in meinem Herzen.
Ich wünschte ich hätte noch alles ausser diese
zwei.

Sie sagten mir:
Du hast ein gutes Herz
gib es jemanden dem es nicht egal ist.
Ich war taub.

Der menschliche Körper
regeneriert sich vollkommen
nach 7 Jahren.
In 7 Jahren wird mein Körper
dich vergessen haben.
In 7 Jahren
wirst du nicht mehr in mir sein.

-Ja, das ist genug Schmerz. Danke.

Du hast mich dazu gebracht
zu denken,
dass ich dir wirklich gefalle.
Und dann bist du gegangen
als wäre nie etwas zwischen uns gewesen.

Glaube nicht allem was du siehst
denn auch Salz
sieht aus wie Zucker.

Dein Name
ist auf jedem Haushaltsgerät
auf Kaugummis
auf Möbel
Tiernahrung
Zigarettenfilter
Pflanzen
Und
Und
Und
Wie kann ich dich vergessen,
wenn alles um mich herum
an dich erinnert.

Liebe ist etwas schönes.
Ich habs mal im Kino gesehen.

Alles was ich liebte
wurde zu allem was ich verloren habe.

Eine Seele zu lieben ist schmerzhaft.
Du liebst den Menschen nicht für was er macht
oder was er sagt,
sondern weil er einfach existiert.

Und dann tötet es dich.

Ich wünsche mir,
ich könnte dich hassen
oder einfach wütend auf dich sein.

Ich kann nicht.

Alles was ich fühle ist -
Trauer und die Zuneigung zu dir.
Egal wie du dich mir gegenüber verhältst.

Ich kann dich einfach nicht hassen.
auch wenn mein Herz gebrochen ist.

Ich habe lauter geschwiegen
als andere geschrien haben.

Und sie dachten
ich kenne keinen Schmerz.

Beruhigungsmittel.
Ich schlafe zu schnell ein
um vorher noch weinen zu können.

Ich weiss nicht
wie ich aufhören kann
dich zu vermissen.

Es regnete an den Tagen an welchen ich wegen dir
trauerte.
Danke Himmel,
dass du mit mir geweint hast.

Du hattest Angst verlassen zu werden.
Deshalb gingst du als erstes.

Es gibt eine Emotion-
Das Lächeln der Enttäuschung.

Ich erinnere mich nicht daran
mich in dich verliebt zu haben.
Ich erinnere mich
wie ich realisierte wie fest es mich verletzen
würde
wenn ich dich loslassen müsste,
währenddem ich deine Hand hielt.

Ich wollte etwas Festes für dich sein,
eine Stütze.
Doch es hat sich herausgestellt
dir geht es besser g e n a u wie mir -
wenn du zerbrochen bist.

Säuberung

Wenn du deine Blutung nicht behandelst,
blutest du auf Menschen
welche dich nicht geschnitten haben.

Du gehörst in eine andere Geschichte.
Du warst nur eines meiner Kapitel.

In der Regel wird Stärke
aus Steinen gebaut
welche man auf dich geworfen hat.

Weisst du wie Gleichgültigkeit geboren wird?
Es passiert gerade danach
in der Zeit in der du gleichzeitig
unglaublich liebst
und qualvolle schmerzen erleidest.
Danach ist es dir egal.
Alles.
Egal was jemand fühlt
egal was jemand sagt.

Endlich sind unsere Gefühle gleichgestellt.
Jetzt ist mir nämlich auch alles egal.

Es ist traurig
weil du mir mehr Schmerzen als Liebe gegeben
hast.
So bleibst du für immer in meiner Erinnerung.

Besser friere ich wieder
als mich nochmal zu verbrennen.

–

Herz aus Eis

Ich will weinen. Ich will lachen. Ich will
reisen.
Ich will nicht aus meiner Wohnung
rausgehen. Ich liebe alle. Ich hasse alle. Ich
will
alleine sein. Ich könnte Berge besteigen. Ich
habe
keine Kraft aus dem Bett zu kommen. Ich bin gut.
Ich kann mich nicht im Spiegel ansehen. Mich
umgeben
tolle Menschen. Ich fühle mich so einsam. Ich
bin
talentiert. Ich vermassle alles. Ich habe. Ich
habe nicht.
Ich bin. Ich bin nicht.

Um etwas los zu lassen
muss man das Geschehene immer wieder
wiederholen.
Immer wieder durchleben
Und es irgendwann akzeptieren.
Sich säubern.

Rückfall

Scheiss auf die Säuberung.
Dies wird nicht mit einem Happy End aufhören.
Ich werde nicht aufhören an dich zu denken
du wirst nicht aufhören von mir weg zu rennen.
Ich werde dich nicht vergessen.
Ich werde dich nicht loslassen.
Ich kann nicht.
Ich will nicht.

Es vergingen Jahre
jedoch nicht ohne einen Gedanken an dich.
Du warst nicht andauernd in meinem Kopf
aber ständig in meinem Herz.
Ich sah dich nur selten
und jedes mal war ich radikal.
Es ist leichter
kalt zu sein
als zu zeigen,
dass ich nach wie vor gleich
für dich empfinde.

Ich bin süchtig nach dem Schlechten.
Ich brauche diesen Schmerz.
Auf Dauer kann ich nicht zufrieden sein
das langweilt mich.
Ich fühle mich lebendig
wenn ich gebrochen bin.
Also schrieb ich dir wieder.
Es war schön wieder mit dir Kontakt zu haben.
Es ist ein schönes Gefühl
zu wissen,
dass ich wieder zerbreche.

Selbstzerstörung-

ich habe permanent das Gefühl missverstanden zu
werden
ich muss mich erklären.
erklären.
erklären.
du hast mir von Anfang an Verständnis gegeben,
Interesse an meinem Denken.
Unsere Gedanken waren fast dieselben.
Ich weiss nicht,
ob du das wusstest.

Ich wollte nie nur Dein sein
und dich besitzen auch nicht.
Das ist gegen die Natur.
Menschen sperren Menschen ein.
Ich bin nicht so. Ich will keine Bindung.
Keine Beziehungen. Keine Bedingungen.
Ich will nur ein bisschen Zeit,
Zeit mit dir.
Mit der Erlaubnis zu gehen, aber auch
immer wieder zurück zu kommen.

Mit jeder Nachricht von dir
hoffe ich,
dass du aufhörst mich zu ignorieren.
Ich hoffe
dich mehr zu sehen.
Ich hoffe
ganz ungezwungen mit dir Zeit zu verbringen.
Wenn du nicht bereit bist-
lass das Schreiben bitte sein.
lass mich sein.
Melde dich nie wieder bei mir.
Es tut weh, wenn du zusagst
und nicht auftauchst.

Als würde ich auf einen Zug warten, und niemand
hat mir gesagt,
dass der Bahnhof gar nicht existiert.

3 Jahre sah ich dich nicht mehr.
und dann, warst du plötzlich wieder überall.
Ich kann nicht ruhig durch die Stadt gehen,
aus Angst dir zu begegnen.

Ich weiss nicht
Ob du alle diese Worte jemals lesen wirst.
Ich hoffe JA
und ich hoffe NEIN.

Ich lernte dich vor 8 Jahren kennen.
In diesen 8 Jahren,
fanden wir ein mal zu einander,
vielleicht braucht es nochmals 8 Jahre
damit du dich aussprechen kannst.

Ich will nichts
ausser
Bekanntschaft.
Hie und Da
zusammen sprechen.
Du bist nicht der Goldfisch,
welchen ich stets bei mir tragen will.
Du bist der,
welcher frei im Meer schwimmt
.
Und anders wünsche ich es mir auch nicht.
Denke nicht, ich hätte D I E Gefühle.
Ich mag dich als Mensch.
Ich mag dein DU.
platonisch.

Andere Menschen
Sind keine Medizin.